David Kohl

Haus der Gedichte

Ein Teil meiner Geschichten,

aus Gedanken und Gedichten.

© 2018 David Kohl
Umschlaggestaltung, Illustration: David Kohl

Buchtalent
Verlag und Druck: tradition GmbH, Hamburg
ISBN: 978-3-7439-8983-2
ISBN: 978-3-7439-8984-9
ISBN: 978-3-7439-8985-6

Bibliografische Information der Deutschen Nationalbibliothek:
Die Deutsche Nationalbibliothek verzeichnet diese Publikation in der Deutschen Nationalbibliografie; detaillierte bibliografische Daten sind im Internet über http://dnb.d-nb.de abrufbar.

Inhalt

Das Drecke Unser

Ruhe und Pausen, die wünscht sie sich sehr.
Schlafende Städte, die gibt es nicht mehr.
Dämpfe im Schimmer der leuchtenden Stadt.
Lärm und Gedränge hat sie schon längst satt.

Schreit in die Runde und setzt uns ein Zeichen:
„Giftige Stoffe, die sollten wir streichen."
Blumenverdorben steigt in unsre Köpfe.
Weisheit, aus denen ich sicher nichts schöpfe.

Nebeneinander, es fällt gar nicht schlecht
Düfte und Winde, sie wirken hier echt.
Leben im Drecke des andren und euch.
Nicke, geh' weiter und merk, wie ich keuch'.

Der Weg

Kopf zur Seite, Wege offen.
Lassen dich das Ziel erhoffen.
Geh den Weg, den du gewählt.
Ab sofort wird nicht gezählt.

Herzensschläge wie verrückt
Sagen mir, was mich bedrückt.
Spiegelbilder kann man sehn.
Gefühle, seine, nur versteh'n.

Durch Erfolge glaubt man stark.
Fehler, die ich oft verbarg.
Kommt nun her, ich kämpf dagegen.
Steig hinauf, Erfüllung wegen.

Im Herzen

Kriege beherrschen die Ängste von allen.
Sorge um Sorgen in Trauer gefallen
Menschheit, die gleichsam sich besser nicht ken-
nen,
Töten einander und lassen verbrennen
Kinder und Eltern und was sonst noch flieht.
„Mutter, oh, Erde, was aus uns geschieht."
Seelen zu Asche zum Flehen bestimmt,
Wissen wir alle, dass etwas nicht stimmt.
Fortschritt für Fortschritt führt Schritte hinfort.
Sehnen wir alle uns nach diesem Ort.
Orte wie diese entsprungen, beisammen.
Ewiglich leben wir glücklich zusammen.
Sehnsucht zur Liebe in uns allen weckt.
Herzen wie deines im Lächeln versteckt.

Vom anderen Menschen

Nach links, nach rechts, nichts weit und breit.
Ich seh' du bist zum Start bereit.
Das Auto rollt ein Stück zurück.
Läuft er den Fußweg, den Hut gezückt.

Ein netter Mensch mit Eigenart,
So scheint es mir, auf seiner Art,
Wirkt er ganz froh, mit sich zufrieden.
So wird der Hass bei ihm vermieden.

Er lacht uns an, bedankt sich stets,
Mit solcher Freude. So lernt, wie's geht's,
Weil viele Menschen zu vergessen scheinen.
Man packt die Mäuler in grauen Leinen.

Nach paar Sekunden an uns vorbei
Die Fenster runter, eins und zwei.
Man ruft ihm nach, nichts zu verlier'n.
Sein Lachen hüpft bis an die Stirn.

Man sieht, er schämt sich, dennoch froh.
Das Glück zu wissen, er weiß wieso,
Denn wenn man ist mit sich allein,
Wird man nicht ewig glücklich sein.

Er läuft, er rennt, man meint, er fliegt
Die Straßen hastig, weil er gesiegt.
Nach wenig Schritten verschlang die Ferne
Den netten Jungen vom ander'n Sterne.

Mein Begleiter

Dein Zauber liegt auf meinem Geist,
Berührt mich warm von Innen.
Erkenne stets was Liebe heißt.
Sie spielt mit meinen Sinnen.

Und wenn ich meine Augen schließe,
Sich die Haut an deiner streift,
Dann träume ich, ich seh` die Brise,
Die wärmend meine Hände greift.

Es fühlt sich an, es fehlen Worte,
Wie leichter Schleier auf der Haut.
Im Stillen hört man deine Sorte,
Bedacht aufs warme Herze schaut.

Mit jedem Schlag, mit jeder Saite,
Zeigt sich meine Gänsehaut.
Ich weiche nie von deiner Seite,
Weil sich bei dir das Glücke staut.

Es tut sich auf mein Körperblut.
Geborgenheit und Halt zugleich.
Verleihst mir Kraft und Lebensmut.
Mit dir so bleib ich ewig reich.

Legst dich in meinen Ohren schlafen.
Du bist bei mir, du bist präsent.
Du passt zu mir, wie Schiff zu Hafen
Und nicht nur dann, wenn`s Herze brennt.

Du stärkst mit deinem Lebenswillen.
Umarmst mich stark mit deinem Glück.
Ich hör dich gar in lauter Stillen.
Schenk ich mein Leben, Stück für Stück.

Bei dir schweb` ich in Dimensionen.
Nur ich allein versteh dich sehr –
Nur einer, ja, von zig Millionen.
Vielleicht Milliarden oder mehr.

(N)Immer an deiner Seite

Mir liegt der Geruch penetrant in der Nase.
Zwar außen ganz kühl, doch innen Ekstase.
Mein Körper motorisch, die Seele ganz schwach.
Ein Traum, den ich träume oder bin ich denn
wach?

Es schleiert mir hier wie milchige Fenster
Aus Seelen von uns und toten Gespenster.
Verschwommene Lichter, schwer zu erwähnen,
Erst jetzt fällt mir auf, das Netz voller Tränen.

Der Atem lässt nach, der Puls steigt mir fleißig.
Die Haut ist ganz kalt und unheimlich eisig.
Ich fühl mich nicht mehr, darf ich mich so nennen,
Mein Körper, mein Geist, die sich nicht mehr ken-
nen?

Ich seh es nicht so, doch wir sind im Raum.
Er sperrt mich hinein, er hält mich im Zaum.
Im Kopf ist ein Sprengsatz, auf seltsame Weise.
Man schlägt leicht die Tür zu, voll Sorge und
leise.

Gesichter befleckt mit Wasser und Salz.
Die Sprache verirrt, verkümmert im Hals.
Ich erahne erst jetzt, wir sind nicht allein;
Die Menschen, ich kenne, auf einmal so klein.

Die Maske am Mund, das Gesicht ist verhüllt.
Mit Tränen und Trauer wird sie schnell gefüllt.
Der Atem liegt schwer, fällt leise und stumm.
Im Kopf diese Frage, die Frage: warum?

Nur du und nur ich, wie im einsamen Kerker
Und innerlich ruft mein schwacher Berserker.
Nach links oder rechts, es gibt kein zurück.
Ich komme zu dir, immer näher, ein Stück.

Dein Bette mit Angst und sämtlichen Fragen.
Die Antwort nicht geben oder just zu mir sagen,
Wie viel noch die Spanne der Zeit geben wird,
Ob man dich behält oder einfach verliert?

Ein Blick auf mein Herz, es schreit elendlich weit
Für dieses Ereignis war ich niemals bereit
Es schlägt und es klopft, mein Herz hunderteins
Lebt seltsam in mir, als wär es nicht meins

Ich sehe dich an, dein Körper ganz blass.
Die Hände von mir vom Schweiße so nass,
Dass ich dich kaum spür, liegt doch nicht daran,
Denn dein Leben endet und meins geht voran.

An meinen Großvater (†2011)

Der Kampf um seinesgleichen

Die Angst, sie liegt in uns verborgen.
Ein Urinstinkt aus tausend Sorgen.
Sei's die Hitze, sei's die Frost.
Man weint hier um die letzte Kost.

Ein Reiskorn fällt, man hebt es auf.
Fünf Stachelbeeren, Großverkauf.
Die Augen reißt man aus den Köpfen
Und kocht genüsslich in den Töpfen.

Man wird nicht satt, man will noch mehr
Und innerlich sind alle leer.
Aus Mensch wird Tier, aus Tier wird Beute.
Der Starke bleibt, so heißt es heute.

Und schaut man in der Menschen Fratzen.
Die Oberfläche blutig kratzen.
Man will hinauf, man wird nicht satt.
Man lebt für Hass, der Liebe statt.

Und so zerreißt man seinesgleichen,
Wirft sie auf die Bahnenweichen.
Der Gegner hier ist ruiniert.
Man schaut sich an, nur wir zu viert.

Der Kampf geht weiter, grad begonnen,
Weiß jeder: „hier hab ich gewonnen!"
So sticht ein jeder des and're Bruste.
Man kann nicht teilen und weil ich's wusste

Versteck' ich mich im Bauche, deinem.
Glaub' nur dir, vertraue keinem.
Werd' getragen, bin stets geborgen.
So denk' ich gar nicht erst an morgen.

Der Schattenmaler

Ich spüre sanft und zart die Hand,
Wie Seidenkaschmirpelzgewand,
Auf meinen Augen sich zu legen
Des Schattenmalers Trauer wegen.

Der Schattenmaler einst bei mir
In meiner Seel; und unter ihr
Er wuchs heran wie Luft und Erd
Mein Leben lang mein treu Gefährt.

Er brachte mir des Malens Kunst.
Der Friedensglücke Liebesgunst.
Die Schatten auf den Wolken schweben,
Erweckt den Himmel neu zum Leben.

Das hohe Tief der tiefen Höhen,
Sie tanzen mit den Wellenböen.
So spielt das Licht und führt den Schatten
Durch eisgefror'ne Wasserplatten.

Die Schwingung lässt die Erde beben.
So bricht das Licht und lässt beleben
Was einst zu träumen niemand wagte:
Die Hand des Schattens aus mir ragte.

Ich spürte Leere, Furcht und Stille.
Ist das des Gottes Herzenswille,
Mich hier zu quäl'n mit Dunkelheit?
Verliere ich die Herrlichkeit?

Aus bunt wird grau und schwarz zugleich.
Mein Augenlicht wirkt kreidebleich.
Und ohne Schatten auch kein Licht.
Die Tränen sickern vom Gesicht.

Das Lachen nicht verlernen wollte.
Doch was, wenn es so bleiben sollte?
So blicke ich durch meine Lider.
Ich nehme auf die tausend Lieder,

Den Duft der Liebe, den ich wähle
Und lass sie geh'n durch meine Seele.
Der Wind trägt nur das Schöne bei,
Wenn's lediglich so einfach sei.

Ich lieg' im Bett, komm' nicht zur Ruh
Und schließe nicht die Augen zu.
Ich wirk' verlor'n, an manchen Tagen.
Ich kann's kaum glauben, unendlich Fragen.

Und manchmal fühl' ich deinen Rücken
Sich nackt auf meine Seele drücken.
Du sagst ganz zart: ich gehör' zu dir.
Erweckst des Feuers Licht in mir.

Ich fühl', ich spür', ich riech', ich höre
Dein Leben wie die Engels-Chöre
Dank Gott, es ist ein kostbar' Segen,
Ein Hoffnungsschimmer deinetwegen.

Der Welt Vergebung

Man sucht den Mars zu finden lange
Und meist aus Angst, aus Lebensbange.
Es ist nur Staub, was ich hier fange.

Der Staub aus toten Knochen Seelen.
Darf nicht entscheiden, auch nicht wählen,
Die sich durch Macht der andren quälen.

Du wirst gebor'n, in Arm und Reich.
Die einen schaffen's, edler Scheich.
Die andren, ja, da komm ich gleich.

Man kann sich denken, wer das ist.
Ein jemand andres Drecke frisst.
Du weißt jetzt schon, dass du es bist.

Brauchst nicht zu schütteln, kleines Haupte.
Du atmest ein, wenn ich behaupte,
Den Dreck der Luft, und jeder glaubte.

Gesteh doch ein, die Klappe zu,
Zur Gattung Mensch gehörst auch du.
Du trennst das Kalb der Mutterkuh.

Wenn du die Haut des Fuchses trägst.
Wenn du die Bär'n vom Eise fegst.
Und dich dann leicht ins Bettchen legst.

Das Frühstücksei im Topf geflossen.
Man unterstützt die Artgenossen,
Die einst die Freiheit stets genossen.

Und erst die Schichten, die man baut.
Mit Perlenschmuck und Hochzeitsbraut.
Ein andrer auf der Straße klaut.

„Es sind die andern, die's verdienen!"
„Man sollte sie mit Hass bedienen!"
So ist die Liebe nie erschienen.

Ein Wesen, nicht zusammenhält,
Selbst, wenn die Welt zusammenfällt.
Das ist die Erde namens Welt.

Ein armes Schweinchen

Ein jeder kennt's, man beginnt ganz klein
Von Adam und Eva und das arme Schwein
Das Schwein, das flog durchs Paradies
Wenn ich doch wüsste, wie es nur hieß

Es fällt mir schon ein, ich weiß es genau
Man nannte es hier die ehrliche Sau
Eines Morgens, da sah man sie hocken
Auf allen viern, braun und erschrocken

So kam der Manne und kniete sich nieder
Und fragte das Schweinchen wieder und wieder
„Wieso bist du nur so bräunlich gebrannt.
Ich hätte dich ja fast gar nicht erkannt."

Da sprach das Tier und züngelte schnell
„Ich brauch' was zu fressen". Dann wurde es hell
Panisch und blind floh dieser gen Tal
Sagte zur Frau ein einz'ges Mal

„Mach' was zu essen für unseren Gast!
Nimm' das, was du in den Händen hast."
Da hielt sie ein Apfel voll rosiger Röte
Wussten sie beide, dass Gott sie bald töte

So riss der Mann, Adam, den Apfel ins Maul
Und rannte zum Schwein wie ein bockiger Gaul
Adam gab ihm ein Teil seiner Frucht
Ergriff daraufhin in Eile die Flucht

Er hörte von weitem das Schweinchen sich quälen
Zwischen Flucht oder Hilfe muss Adam nun wählen
In diesem Moment schlug ein donnernder Ton
Durch Gottes Gemäuern vom goldenen Thron

Zornig sprach er und wirkte erzürnt
Weil jemand ein Teil vom Baume entführt
Vor Ohnmacht kaum Kräfte, der Mund schon sehr trocken
Und ließ sich ganz leicht von der Lüge verlocken

„Die Sau, sie war's, so schauet doch hin.
Ich sage die Wahrscheit, so wahr ich hier bin."
Das Schweinchen, es quiekte, der Apfel im Mund
Brachte kein Ton raus, und das war der Grund

Da stürmt der Herr Gott, es war so gewollt
Verwandelt die Sau zu rosa, einst Gold
Heiter und lustig marschierte der Mann
Zur Frau zurück und dann und dann

Jahre vergingen, ein glückliches Paar
Bis einst die Schlange zu sehen war.

Schneegedränge

Stampfen alte Burgen durch die Massen.
Lassen Hass und Stress erblassen.
Nur die schneebedeckten Deckenfelder
Fallen durch die Fichtenwälder.

Ein unberührtes Meer aus Bäumen.
Wilde, weiche Wellen schäumen
Und zeigen sich von ihrer Pracht,
Triumphiert in ihr die Wintermacht.

Sternenlichtbestrahlte Straßen
Und Mondverhexte Winterhasen.
Knisterleichte Sohlen schmücken
Mit Rutschgefahr auf allen Brücken.

Mit Sturm und Blizzard, Eiseskälte
erfriert die Welt, und sie erhellte
Im Silberglanz der Tänzerflocken,
Legen sich auf Schafswollsocken.

Wenn sich in meinen Herzenskammern
Klitzekleine Flocken klammern,
Fühlt es sich wie aufgewärmt
Gibt es keinen, der danach schwärmt?

Die Ruhe, die Stille, der Wintersegen,
Die sich auf meine Seele legen.
Wenn sich der Schnee in alles läge,
Wüsst' ich, wie ich die Welt erträge.

Über den Wolken

Tausend Kräfte, doch man spürt nicht viel
Vom Flug begleitet, mit einem Ziel
Den Weg weit weg von sich zu lassen
Und die Sorgen so für sich belassen

Höher als der harten Erde Säulen
Atmosphären hört man hier schon heulen
Millionen Meter, geschätzt, gefühlt
Herzschlag, Blutdruck, aufgewühlt

Mit einem Blick auf die Erde drauf
Steigen unendlich Emotionen auf
So springt das Herz im Sitz voll Staunen
Im Einklang von vielen Engelsposaunen

Das Meer ganz klar, ganz weit, ganz blau
So schön, so klar, ganz klar, genau
Unendlichkeit umarmt mich frei
Schickt auch die Sonne zig Wärme bei

Sie strahlt und bricht das Meereslicht
Gottes Bilder, und ohne Verzicht
Es schimmert, es glänzt, es spiegelt die Flecken
Von hundert Schäfchenwolkendecken

Doch manchmal sind da schwarze Stellen
Und wieder die Strahlen, die die Stellen erhellen
Gebrochen durch kleine, große Boote
Hier grau, da blau, mal schwarze, mal rote

Es hört nie auf, es nimmt kein Ende
Wolkenschichten, wenn ich sie fände
Die erste Schicht, die das Licht durchbricht
Die letzte Schicht, mit dem Regenbogen spricht

Mit weitem Blick sieht man es kaum
Es glänzt und schimmert, wohl kaum ein Baum
Man schaut hinunter, und trifft auf Staunen
Windige Räder in tanzenden Launen

Welch' Wunder, welch' Schönheit, mein Blick
schon verzückt
Manchmal ist die Welt schon ziemlich verrückt
Die Zeit, so scheint's mir, ist hier oben tot
Kein Stress, kein Hass, kein Leid, keine Not

Stille, Starre, stummes Stehen
Von Bewegung ist hier nichts zu sehen
Mit einem Mal, so ist mir klar
Fühlt man sich in der Luft ganz wunderbar

Ich weiß nicht wohin, ich weiß nicht woher
Doch dieses Gefühl, das liebe ich sehr
Ich halte es fest, im Bild meiner Augen
Versuche ich alles in mich aufzusaugen

Wärmeverschlungener Emotionsverkehr
Mal Wolke, mal Schatten, mal Schleier, mal Meer
Mal mehr, mal weniger, so viel von Natur
Schließ deine Augen und genieß diese Kur

Retro-Bluetooth-Schreibmaschine

Retro-Bluetooth-Schreibmaschine.
Süchte ich nach Endorphine.
Alt und Neu verknüpfst du stets
Mit bisschen Gripps, zick, zack, so geht's.

Wer braucht heut schon den neusten Stand,
Wenn man bereits was Gutes fand?
Und zwar die Liebe, so sagt man hier,
Erfährt doch jeder – sogar wir.

In jedem Land Kulturgemenge.
Gesetz. Verbot. Gewissenszwänge.
Im Herzen, wenn die Liebe läutet,
Frage nicht was sie bedeutet.

Lass sie rein und macht euch breit,
Weil ihr Friedenskämpfer seid.
Nicht gelernt und nicht beschrieben
Ist die Hoffnung stets zuletzt geblieben.

Jetzt stehst du da, die Tinte leer.
Gibt sie nur noch Stille her.
Nicht schwarz. Nicht weiß. Nicht greifbar, ja.
Die Liebe ist bereits in jedem da.

Neues Leben, geteiltes Glück

Nach jedem Sturm oder einst'ger Qual.
Entscheidest du, du hast die Wahl.
Gib mir die Hand ich schütze dich
Eines steht fest: ich liebe dich.

Ein neuer Morgen, ein neues Leben.
Wer möchte denn nicht nach Glücke streben.
Schöne Seiten auf dieser Erde,
Die ich stets entdecken werde,

Schenke ich dir mit vollem Stolz,
Weil du mein Herz, mein Blut, mein Holz.
Ich gebe dir Schutz, ich gebe dir Halt
Erhältst du viel Liebe, von allen, schon bald,

Denn du bist hier alles, alles und mehr.
Eine gold'ne Perle aus dem Liebesmeer.

Vive la liberté

Im Gänsemarsch ins Reich der Franken.
Wem darf ich heute wieder danken,
Dass ich gesund und munter bin.
Denn das ist ja des Lebens Sinn.

Doch ohne Arme und ohne Beine.
Höchstwahrscheinlich gar alleine.
Werd ich mich nicht so verstecken,
Sondern jeden Winkel neu entdecken.

Flussabwärts

Weißer Nebel, vom Ufer flüchtet.
Seines Gleichen nach Wärme süchtet.
Entdeckt den weißen Mondscheinglanz.
Liebesspiele und Seidentanz.

Wie unentdeckte Geister schwebend
Sind weder tot, doch auch nicht lebend.
Jahrelanges Suchen und doch vergebens
Nach dem schönen Glück des Lebens.

Der Fluss, er scheint zu Nächten stumm.
Verbirgt Geschichten drum herum,
Die die Menschen ihm erzählten eins
Behielt's für sich, nun ist es seins.

War der Fluss mal einst geboren?
Die gerechte Liebe wart verloren.
Da fing der Fluss die Tränen auf
Und so entstand sein Lebenslauf.

Ein Brückenfest

Auf zwei Rädern geht's zu dritt.
Zum Feste heute, Schritt für Schritt.
Viele Menschen, ein Lichtbild strahlt.
Fürs Fest wurd heute nichts bezahlt.

Man ist hier frei und man genießt,
Was in jedem einzeln fließt.
So setzen wir uns auf Grasgemengen,
Während andre auf dem Gras Trip hängen.

Ein Eismann schmückt die Ecke dort.
Der Fluss am Ende treibt den Kummer fort.
Ein Mann mit Dosen in Einsamkeit.
Läuft ne Frau im schwarz-weißen Kleid.

Dann taucht die zweite mit Gitarre auf.
Der Abend nimmt seinen gewohnten Lauf.
Man tanzt. Man lacht, da es mir gefällt
Auf nach Hause, bis der erste fällt.

Supermarkophobia

Kühlschrank. Kühlschrank in dem Gang,
Steh' ich bei dir stundenlang.
Lauf ich fünfmal diese Strecke.
Leitungsrohre an der Decke.

Musik ganz leise, kaum zu hör'n
Kommen plötzlich dreizehn Gör'n.
Der Platz wird knapp, es mangelt stark.
Geduld in mir im Supermarkt.

So sei es

Und manchmal gibt es keinen Grund,
Da spiel' ich einen schlauen Hund.
So scheiß ich einfach an die Mauer
Vom alten dicken Nachbars Bauer.
Er mag mich nicht, das sagt er mir.
Ich lass mich fallen und trink ein Bier.
Das Leben hier ist schon beschissen,
Das muss doch wirklich keiner Wissen.
Denk nicht dran. Den Kopf hinauf.
Mach' dich frei und scheiß doch drauf.

Auf ewig

Oh. Bruder. Schwester. Herz und Blut.
Vereint das Trio von Schwer bis Gut.
Ihr seid die Schulter in größter Not.
Das stärkste Team vom Start zum Tod.

Was nicht passt, das passt halt nicht!

So schwül. So warm. Ich kann nicht mehr.
Mein dicker Schädel dauerhaft leer.
Dann sind da die Wolken. Sie verschwinden ja
nie.
Palmen am Strand. Und dann Nostalgie.

Dann folgt ganz plötzlich der kalte Regen.
Bunte Blätter auf Bäumen bewegen.
Lasse ich mal die Sorgen dahinter.
Und freue mich bald auf den kuschligen Winter.

Nun steht er da vor vereisten Scheiben.
Sehe ich Menschen einander sich reiben.
Mal feucht. Mal warm. Er macht's keinem recht.
Der Frühling soll kommen. Das wäre nicht
schlecht.

Endlich gekommen mit prächtigem Rot.
Nach wenigen Tagen schon fast alles tot.
So steht's im Kalender, der Sommerbeginn.
Das Wetter in Deutschland jedoch ohne Sinn.

Das richtige Falsch in gefalteten Händen

Ich weiß, man soll nur Gutes sprechen,
Weil es meine Mitmenschen sind.
Die zehn Gebote sollst nicht brechen,
Doch auch „keine Liebe" macht dich blind.

Liebe – so sagt man – geht durch den Magen,
Doch ich seh, wie ich ständig kotz.
Muss ich so viele Lasten denn tragen?
Ein Schlag aufs Maul, du dummer Klotz.

Liebe hält fest wie ein Magnet.
Tut ja auch schließlich den Babys gut.
Warum heißt er also der blaue Planet,
Wenn er doch benetzt mit Menschenblut?

Wer glaubt, es gäbe diese eine Liebe
Zwischen Mann und Frau, und Frau und Mann.
So gleichen sie euch, ihr lieben Diebe,
Machen sich an die falsche Beute ran.

Jeder will mehr, mehr und will battlen,
Stehst du kopfüber, gefallen mit Wucht.
Lässt deinen Verstand am Boden nur betteln.
Sind wir die Schande unserer eigenen Zucht.

Jeder tut so als wär er gerecht
Und behauptet er sei nicht wie du.
Aus schlecht wird gut und gut wird schlecht.
Die Welt wie sie uns passt, hör mal gut zu:

Mutterseelen steht er erstarrt
Verkümmert ganz langsam wie trocken Brot.
Ein Leben allein sei mir bitte erspart,
Doch keiner erkennt die Hungersnot.

Die Hungersnot nach Liebe erhaschen.
Ein Fremdwort für dich: die Akzeptanz.
Mit der Kirche und Bibel die Seele reinwaschen,
So geh' mir vorbei und lass es ganz.

Deine leblose Liebe lässt Leichen laufen.
Selbst die haben was Besseres verdient.
Glück und Liebe kann man nicht kaufen.
So was passiert, wenn man 'nem ander'n dient.

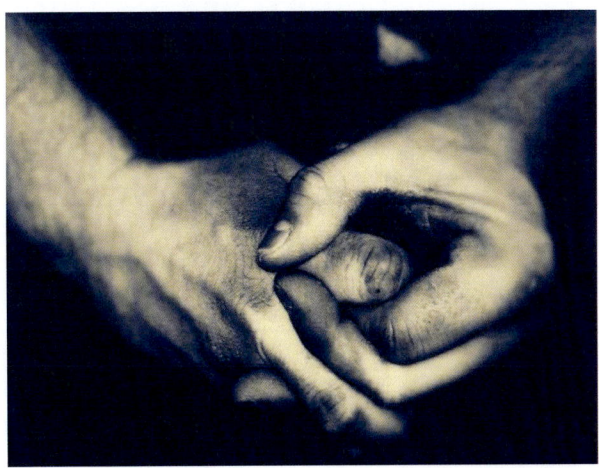

Morgens vorm Saturn

Wie Tiere warten wir vor Toren,
Weder regen noch bewegen.
Ein fetter Mensch mit blauen Ohren
läuft mit voller Wucht dagegen.

Die Kirchenglocken schlagen zehn.
Wir stürmen rein wie freche Affen.
Jeder braucht's, nichts bleibt hier steh'n.
Ob wir die Zeit dann doch noch schaffen?

Stark sein will jeder

Tiere züchten und später töten
Nach Rotwein sich die Wangen röten

Essen. Mahlzeit. Und Konsum.
Blutbefleckt. Sündenmonsun.

Es macht mich männlich. Proteine.
Anschließend noch paar Kreatine.

Mit hundert Kilo Muskelmasse
Ein Griff ins Regel und ab zur Kasse.

Wie viel das Fleisch letztendlich Wert,
wenn Tiere wandern von Zucht zum Herd?

Das schmeckt. Ist lecker und gesund.
Das macht die Welt dann auch nicht bunt.

Treibhausgase. Umwelt verschmutzen.
Nach dem Essen die Hände putzen!

Bunte Blumen auf dem Glas

Bunte Blumen auf dem Glas.
Schau' mal hin, es macht recht Spaß.
Keine Wespe sich je gewagt.
„Haben wir schon lange", hat sie gesagt.

Und er ganz stolz am Bierchen nippen,
Sie ganz lässig in den Stuhl sich kippen.
So sitzt das alte Pärchen da.
Das nennt sich „leben" – ist doch klar.

Ohne Blumen nur noch Plagen
Werd' ich stets sie bei mir tragen.
Plastikblumen der feinsten Art
Und wieder ein blöder Tag gespart.

Also Blumen hoch, in den Rachen nieder.
Mein Bier, mein Wein – wir kommen wieder.
Und unsere Freunde, wie wir sie nennen,
Werden wir ins Adria rennen.

Woche für Woche, auf's Neue schon
Sitzen wir auf unsrem Stammtischthron.
Also hoch die Blumen, hoch die Tassen.
Niemand kann unser Glücke fassen.

Ein Anfang im Ende

Der Sinn des Lebens, es war einmal.
Das Ergebnis ich hatte, es war banal.
Jetzt lauf' ich wieder im Zick Zack die Kreise.
Stehe am Ende vom Anfang – voll Scheiße.

Ich schaue nach hinten, ich schaue zurück.
Ich weiß jedes Mal, mir fehlt nur ein Stück.
Es ist in mir, es klopft bloß ganz laut.
So glaube ich aber, es wurd' längst geklaut.

Ein altes Liebespärchen im Altbau

Im Altbau wohnt ein Liebespärchen.
Der eine trägt ein weißes Bärtchen.
Ruhig und nett, der einem Engel gleicht
Und keinesfalls ihr von der Seite weicht.

Die andere schmückt sie ihr langes Haar.
Weiß wie Schafswolle, das ist wahr.
Eine Frau mit Geschichten und Elan,
Ein Leben mit Liebe – das ist ihr Plan.

Und wenn die Welt noch so traurig scheint
Und der Vogel im Baum die letzte Träne weint,
Dann schau durchs Fenster der Schimperstraß.
Ein Pärchen voll Güte, Liebe und Spaß.

Steine am Strand

Steine, die sich an den Händen halten.
Buntgemischten Teppich falten.
Blau und grün und violett.
Für die Füße ein warmes Himmelbett.

Doch schaut man tiefer, kaum entdeckt,
Die Neigung hat sie fast versteckt.
Und plötzlich werfen diese Steine
Smaragd-rubine Lichterscheine.

Die Reflexion sie wirkt bewegt,
Die sich leicht auf meinen Körper legt.
Der Kuss ganz kalt, das Gefühl so warm.
Hält mich die Sonne in ihrem Arm.

Das kalte Wasser der harten Wellen
Wird an meine Beine prellen.
Augen zu, ich höre hin.
Ein Paradies, wo ich hier bin.

Die Welle flüstert, sie sagt mir an,
Wie ich am besten entspannen kann.
Sie streift mich leicht und nimmt die Plage,
Die ich mit mir seit Jahren trage.

Zeitfracht Medien GmbH
Ferdinand-Jühlke-Straße 7
99095 Erfurt, Deutschland
produktsicherheit@kolibri360.de